TITRES

CONSTATANT LA NAISSANCE DANS L'INDE

De la Sultane

ALINA D'ELDIR.

INTRODUCTION.

Mon isolement en France, mon dévouement à l'humanité souffrante, les ouvrages que j'ai composés et publiés, l'institution que j'ai fondée, pour diriger l'homme vers le bien, la vie morale qui n'a cessé de régler mes actions, semblent devoir intéresser, ou même exciter à connaître ma naissance et mon origine, en attendant la publication des mémoires historiques de ma vie, à dater de mon funeste enlèvement du palais de mes aïeux. Je m'empresse de satisfaire les amis de la vérité, par les pièces suivantes, dûment légalisées et certifiées.

A la restauration du gouvernement français, et lorsque la liberté des mers eut permis d'écrire dans l'Inde, j'adressai au roi Louis XVIII, ainsi qu'à son frère alors comte d'Artois, des lettres pour me faire reconnaître, comme ayant toujours mérité les bonnes grâces que cette auguste famille m'avait accordées dans mon enfance, et pour les supplier de prendre intérêt à mon sort, en faisant faire des informations dans ma patrie à mon sujet. Des ordres furent donnés au ministère des affaires étrangères, et M. le duc de Richelieu, président du

conseil des ministres, instruit de mes droits à la haute bien-
veillance du monarque, fit écrire à M. Dayot, intendant à
Chandernagor, la lettre suivante :

A M. Ch. DAYOT, *intendant de Chandernagor.*

Paris, le 17 septembre 1817.

Monsieur,

J'ai l'honneur de vous transmettre une note qui m'a
été adressée par madame d'Eldir, domiciliée à Paris.
Cette dame annonce qu'elle est née à Delhi, dans un
rang distingué ; que, dès son enfance, elle fut enlevée
à sa famille et ensuite embarquée à Chandernagor,
pour être conduite en France où elle réside depuis.
Diverses considérations lui font vivement désirer d'ac-
quérir quelques notions positives sur la famille à laquelle elle peut appartenir. Les détails contenus dans
la note ci-jointe lui ont paru propres à faciliter cette
recherche et à faire connaître son origine.

Vous jugerez, Monsieur, si, d'après ces indications,
il est possible de procurer à cette dame les informations
qu'elle désire.

Je vous prie de me faire connaître le résultat des dé-
marches que vous aurez jugé convenables de faire à cet
égard.

Agréez, Monsieur, etc.

Signé, RICHELIEU.

Quinze mois après le départ de cette lettre, les journaux annoncèreut l'arrivée d'un prince indien dans la rade de Marseille. Rendu à Paris, il vint descendre à l'hôtel Mirabeau, rue de la Paix, n° 6, où j'avais ma résidence.

Voici la copie de la traduction de la lettre de ce scheick indien, GOOLAM-MOUHI-OUD-DIN, *envoyé de S. A. R.* FÉI-IAZ ALI-KHAN, *à Sa Majesté* LOUIS XVIII, *roi de France*, du 28 décembre 1818.

SIRE,

J'expose au pied du trône de Votre Majesté qu'au moment de mon départ de l'Indostan, l'un des plus illustres seigneurs de cette contrée m'adressa une lettre de la teneur suivante :

« J'ai appris que vous vous rendiez à Londres. Si vous
» veniez à passer par Paris, sachez que notre fille y fut
» conduite, il y a déjà bien des années.
» Sans avoir rien de positif à son sujet, nous aimons
» à présumer qu'elle s'y trouve encore. Veuillez donc
» bien prendre des informations sur elle; tâchez de
» découvrir si elle est heureuse ou malheureuse, et
» surtout ramenez-nous-la, s'il est possible, à votre re-
» tour d'Angleterre. »

Or, lorsque je débarquai à Marseille, SIRE, votre agent des affaires étrangères (M. Famin) me remit une lettre de la part d'une dame habitante de Paris, et indienne de naissance. Elle me témoignait dans cet écrit

la plus grande joie de mon arrivée, l'attribuant à la
Providence, qui m'avait envoyé exprès pour terminer
ses chagrins, en la rendant à sa patrie et à sa famille.
Cette dame vint me voir aussitôt qu'elle sut que je me
trouvais dans votre brillante capitale ; elle m'exposa sa
pénible situation, en me manifestant le désir de retour-
ner dans son pays.

En confrontant ses discours avec la lettre qui me
fut adressée dans l'Inde, je conçus qu'elle pouvait
appartenir à la famille élevée qui la réclame. Mais je
lui demandai quelle était sa religion. Elle me répondit
qu'elle était chrétienne. Je lui fis observer alors qu'en
retournant dans ses foyers, les siens exigeraient qu'elle
embrassât l'islamisme, et qu'ayant jusqu'à ce jour vécu
dans la foi des chrétiens, il était peut-être plus sage de
rester en ces lieux. Elle m'affirma que, bien qu'elle
traînât ici une existence malheureuse, elle ne chan-
gerait jamais de croyance (1).

Votre Majesté, SIRE, dont on vante en tous lieux la
noble magnificence, pourrait-elle me savoir mauvais
gré de recommander à vos bienfaits une illustre et infortunée compatriote, qui tient à la classe la plus hono-
rable et la plus élevée de l'Indostan, en vous suppliant

(1) A ces mots prononcés par la crainte, je vis le scheick musulman
changer de physionomie ; je jugeai à son regard que mon sort était
décidé.

Un autre musulman fanatique m'a dit depuis que s'il avait eu une
sœur dans la même position que la mienne, il l'aurait poignardée.

de lui accorder des secours, jusqu'au retour des dépêches de sa famille. Non, je ne le crains pas, j'ose même espérer, SIRE, que le sort qui la confie à votre royale protection lui sera très-favorable, et que Votre Majesté, excusant ma démarche, daignera me faire connaître par le canal de son premier ministre, M. le duc de Richelieu, les dispositions que mon humble instance aura inspirées à son âme généreuse. La noble et infortunée étrangère qui en est l'objet vous bénira, SIRE, jusqu'à la fin de ses jours ; et elle se glorifiera d'être comptée parmi les plus fidèles sujets de Votre Majesté. Telle est ma prière, SIRE : quel bonheur pour moi si elle était exaucée !

Une plus longue épître serait indiscrète, SIRE ; je la termine en déposant au pied du trône de Votre Majesté l'hommage de mon profond respect.

Que Dieu vous comble, ô grand roi, des prospérités les plus inaltérables ! Que le soleil de votre gloire, ô puissant monarque, se maintienne toujours au plus haut point de sa splendeur !

N. B. Cette dame se nomme D'ELDIR, *et demeure rue de la Paix*, n° 6.

Signé, GOOLAM MOUHI-OUD-DIN.

Cette traduction, qui, quoique fidèle, aurait pu être plus soignée si Goolam Mouhi-Oud-din, sous les yeux de qui je la fis, eût été moins pressé de l'expédier, a été certifiée par moi, George-Philippe-Auguste-Andréa de

Nerciat, ancien interprète d'ambassade en Perse, en 1807, 1808 et 1809, et depuis lors toujours attaché au ministère des affaires étrangères.

En foi de quoi je signe ces présentes copies et déclarations.

Paris, le 13 mai 1824.

Signé, AUGUSTE-ANDRÉA DE NERCIAT.

Je soussigné, secrétaire interprète de Sa Majesté, certifie que la présente traduction française rend exactement le contenu de la pièce persane, signée par Goolam Mouhi-Oud-din, et revêtue du double cachet portant le même nom.

Paris, le 5 novembre 1819.

Signé, KIEFFER.

Le ministre des affaires étrangères certifie véritables les signatures ci-dessus de MM. Kieffer et de Nerciat.

Paris, le 24 février 1835.

Par autorisation du ministre, *le chef du bureau de la chancellerie*,

(Cachet du ministre.)

Signé, DE LAMARE.

Lettre de M. le baron DE NERCIAT *à madame* D'ELDIR.

Paris, le 15 février 1819.

MADAME,

Je vous répéterai ce que je vous ai déjà fait entendre, et ce que j'allais vous dire, lorsqu'on nous a interrompus. Je ne l'avancerais pas, si ce n'était mon opinion formelle, dans un écrit que je ne crains pas que vous montriez à qui que ce soit.

L'envoyé Mouhi-Oud-din est intimement convaincu que vous êtes l'infortunée qu'une illustre famille regrette depuis si longtemps, et qu'elle réclame aujourd'hui ; et si la singularité de votre destinée ne vous eût pas rendue étrangère à la religion de vos pères, en vous marquant du sceau du christianisme, nul doute qu'il ne vous eût proposé de vous remettre au sein de votre famille, ainsi qu'elle l'en avait prié, selon l'esprit de la lettre dont il parle dans son épître au roi. Mais la circonstance de votre baptême, que la Providence a fait naître, comme pour adoucir l'amertume de votre sort, et qui vous offre, en compensation de vos maux présents, la perspective des béatitudes de l'éternité, l'obligeait, pour ne pas manquer aux règles de la prudence, d'en prévenir vos parents, si les difficultés de sa mission en Angleterre ne le contraignaient pas d'ailleurs d'ajourner les dispositions à prendre pour vous rendre au bonheur dont vous semblez si digne. Oui, dans cette conjoncture, c'est sans doute un malheur pour vous d'être chrétienne ; mais consolez-vous en songeant que les âmes sensibles vous feront un mérite de votre résignation, et n'en seront que plus portées à compatir à vos disgrâces, lorsque l'éclat de votre origine pourra briller dans tout son lustre.

Agréez, madame, l'hommage de mon dévouement et de la respectueuse admiration avec laquelle j'ai l'honneur d'être, etc.

Signé, AUGUSTE-ANDRÉA DE NERCIAT.

TRÈS-CHÈRE ET TRÈS-ILLUSTRE DAME,

Un ordre subit m'oblige de partir demain à huit heures du matin; madame de Nerciat aura l'honneur de vous présenter mon ami (M. Joannin, interprète du roi), aussitôt qu'il aura pris les premiers arrangements pour sa nombreuse famille; vous le trouverez tout aussi zélé, tout aussi désintéressé que moi. Cette conviction me console un peu de la nécessité de vous quitter sans vous revoir; mais, de loin comme de près, veuillez croire à mon dévouement sincère, et si vous êtes un jour aussi heureuse que vous méritez de l'être, j'en glorifierai la Providence.

Je suis avec le plus respectueux attachement, etc.

Paris, 21 avril 1827. (A son départ pour Smyrne, où il est présentement interprète du gouvernement.)

Signé, le baron DE NERCIAT.

Copie d'une lettre de M. le comte d'Esparbès de Lussan, colonel d'état-major.

MADAME,

J'ai appris avec plaisir votre visite à l'ambassadeur d'Angleterre, et l'accueil gracieux et distingué que vous avez reçu de Son Excellence (sir *Charles* STUART).

Ne serait-il pas à propos de lui exposer un détail
succinct de la conversation que j'ai eue à votre sujet
avec le scheik Goolam Mouhi-Oud-din, envoyé indien?
Puisse le récit que je vais vous en faire fortifier et
étendre, autant que je le voudrais, les droits que vous
avez à l'intérêt et à la considération des personnes qui
se piquent d'honorer le mérite et la vertu, quelles que
soient les douloureuses épreuves auxquelles il plaît à
la Providence de les assujettir. Le scheick Goolam,
par une suite du plaisir qu'il paraissait prendre à con-
verser avec les personnes que vous lui aviez sans doute
désignées, comme constantes dans leur amitié pour
vous, partagea avec empressement le désir que je lui
témoignai d'une entrevue particulière. C'était en 1819,
je le trouvai entouré de plusieurs personnes de sa suite.
M. de Nerciat, interprète, était présent. Vous devîntes,
madame, l'unique sujet de la conversation, comme il
m'a paru que vous l'étiez de la sollicitude du scheick,
qui me parla de vous, non-seulement avec tendresse,
mais avec l'expression de la plus parfaite estime, et,
je dirai même, du respect qui n'a lieu pour l'ordinaire
que de l'inférieur au supérieur ; il s'exprima à votre
égard avec l'emphase orientale : « Tout le monde,
» m'a-t-il dit, sera dans une humble admiration, lors-
» que l'on connaîtra le sang qui coule dans vos veines,
» etc., etc. »

Il en a dit et fait assez en provoquant officiellement
en votre faveur l'attention et la bienfaisance royale

pour mettre le public en droit de porter bien haut ses conjectures.

Paris, le 18 avril 1821.

Signé, le comte d'Esparbès de Lussan.

*Extrait d'une lettre adressée à **MM.** les membres de la commission pour les pensions sur la liste civile.*

.... Nous avons vu cet envoyé indien, et nous avons été témoins du sacrifice religieux de madame d'Eldir pour la foi chrétienne; et nous avons pensé que le témoignage rendu par notre conviction intime aux droits de madame d'Eldir pourrait lui être utile. La sainteté des mœurs, la grandeur de l'infortune, l'élévation du rang se rassemblent ici. Nous nous estimerions très-heureux, si madame d'Eldir pouvait obtenir de l'inépuisable bonté de notre souverain une pension, dont la quotité lui assurât, après tant d'orages, des jours plus paisibles.

Paris, le 28 janvier 1825.

Signé, Edouard Alletz,
Attaché au ministère des affaires étrangères.

Le comte d'Esparbès de Lussan.

Auguste-Andréa baron de Nerciat,
ancien interprète, et spécialement chargé par S. E. le scheick Goolam *de sa correspondance avec madame d'Eldir, dont l'identité avec la princesse indienne, qu'il avait ordre de rechercher, lui parut incontestable.*

Le maréchal de camp, baron CHRISTOPHE.

Je soussigné, ancien commissaire de police du quartier de la place Vendôme, à Paris, ayant exercé lesdites fonctions pendant vingt ans, jusqu'en 1820, certifie, pour rendre hommage à la vérité, que, depuis nombre d'années, j'ai l'honneur de connaître particulièrement madame d'Eldir, Indienne de naissance, issue d'une illustre famille de l'Indostan ; qu'il est à ma parfaite connaissance que le gouvernement français a pris un vif intérêt à sa malheureuse position et à toutes les traverses qu'elle a éprouvées, depuis qu'elle a été enlevée à sa famille, dans l'âge le plus tendre, et amenée en France ; que notamment le ministre des affaires étrangères, et le ministre de la maison du roi, lui ont fait obtenir différents secours de la munificence royale, surtout lorsqu'ils ont eu acquis la preuve de sa haute naissance et de ses malheurs, par une lettre qu'un envoyé indien a adressée à Sa Majesté le roi de France. Je certifie, en outre, qu'ayant été consulté plusieurs fois comme commissaire de police, par les autorités supérieures, sur la conduite et les mœurs de madame d'Eldir, qui demeurait et demeure encore dans mon quartier, je n'ai recueilli et donné que les renseignements les plus avantageux sur la régularité des mœurs, ainsi que sur les sentiments religieux et civils de cette illustre étrangère.

En foi de quoi j'ai signé le présent, scellé de mon cachet.

Paris, le 8 septembre 1824.

J.-R. ALLETZ.

Copie du 1ᵉʳ numéro de la correspondance du scheick indien, pendant son séjour à Londres, avec madame d'Eldir.

« Refuge de continence, atelier de pudeur, sym-
» bole de noblesse, source de qualités, que le Seigneur
» vous bénisse ! »

Après vous avoir parlé de notre désir de vous voir, qui est incommensurable aussi bien qu'inexprimable, nous exposerons à votre cœur pétri d'affection, dans cette lettre sentimentale, que, grâce à la sagesse divine, nous nous portons fort bien ici, et que nous n'avous que des bénédictions à rendre au sujet de l'intérêt que vous prenez à notre bien-être. Quant à nous, nous ne cessons d'adresser, jour et nuit, des vœux au Tout-Puissant, plein de gloire, pour votre santé et votre bonheur.

Votre épître gracieuse et pleine d'affection, que nous attendions, au-devant de laquelle même nous nous transportions en idée, nous est parvenue dans l'instant le plus propice. Elle a réjoui notre cœur souffrant de n'être pas près de vous, nous en avons logé tout le contenu dans ce cœur, sanctuaire de sympathie.

Nous n'avons pas encore terminé nos affaires d'une manière satisfaisante ; s'il plaît à Dieu, cela ne tardera guère ; nous avons la plus ferme volonté de passer par Paris à notre retour, afin d'enluminer nos yeux et notre cœur par la contemplation de Votre Altesse, et de remplir notre sein d'allégresse. Nous n'avons point goûté plus de jouissance dans la tendresse ma-

ternelle que dans votre affection ; nous songeons toujours à vous, et votre souvenir est toujours présent à
notre pensée, conformément au sens de ces vers qui
disent :

Je ne cesse un seul instant de songer à toi,
Et le sentiment de l'oubli est oublié par mon cœur, etc.

Signé, Goolam-Mouhi-Oud-din.

Copie *d'une lettre de* M. *le comte* de Rayneval *, écrite de sa main à l'époque de son ministère par* intérim *aux affaires étrangères.*

Je prie madame d'Eldir de ne pas croire que mon
silence soit une marque d'oubli. Je m'occupe toujours
des moyens d'améliorer son sort ; mais le bien est
quelquefois fort difficile à faire. Aussitôt que j'aurai
obtenu ce que je demande pour elle, je m'empresserai
de lui en faire part.

En attendant, j'ai l'honneur de lui renouveler l'as-
surance de ma respectueuse considération.

Paris, le 22 novembre 1828.

Signé, de Rayneval.

A Son Altesse Impériale la sultane Alina d'Eldir *, fondatrice et grande-maîtresse de l'ordre, etc., etc., à Paris.*

Magnanime Sultane,

Je ne pouvais douter de votre illustre origine puis-
que vous en aviez si bien conservé la mémoire, que

dans les épreuves les plus accablantes auxquelles il plut à la providence de vous exposer; l'idée fixe de votre âme aussi grande que pure fut de régler votre conduite de manière à ce que l'on ne pût vous imputer la moindre faiblesse, qui vous y eût fait déroger du moindre scrupule.

Nous savons que ce qui vous ferme les portes de la cour impériale, dans laquelle vous naquîtes, est un incident des plus communs dans les fastes des castes princières de l'Asie.

Le trône de vos ancêtres est occupé par l'un de vos parents qui, musulman fanatique, ne vous pardonne point de vous être acquis des droits à la protection du christianisme.

L'intelligence de ce monarque ne s'est point élevée jusqu'à cette considération. Que Dieu le lui pardonne un jour, comme vous le lui pardonnez sans doute ; instruit de vos malheurs par un miracle de la providence, sa dureté en a prolongé le cours au lieu de les adoucir. Je me plais à croire qu'elle ne les aura pas inspirés, et que l'estime affectueuse de ceux qui ont eu le bonheur de vous connaître, et que les bénédictions d'une foule de ceux que vous avez consolés, obligés, secourus dans leur détresse, quoique la vôtre fût digne de la plus haute commisération, vous empêcheront de tomber dans le découragement vers la fin de votre carrière, au bout de laquelle vous attendent, j'en suis certain, les palmes de l'immortalité céleste, bien préférables à celles que décernent les mortels, et qui vous est acquise d'avance, par le bien que vous avez fait à l'humanité, ne s'oubliera jamais, et que de nombreux témoignages, que vous n'aviez pas provoqués, sont venus, coup sur coup, constater que vous étiez la fille des sultans de la plus illustre origine, de la plus haute puissance, etc., etc.

Smyrne, le 14 décembre 1845.

Signé, Le baron de NERCIAT,
Secrétaire-interprète du roi, et drogman du consulat.

PARIS, IMPRIMERIE DE J.-B. GROS, RUE DU FOIN-SAINT-JACQUES, 18.